Bibliografische Information der Deutschen Nationalbibliothek:

Die Deutsche Bibliothek verzeichnet diese Publikation in der Deutschen National-
bibliografie; detaillierte bibliografische Daten sind im Internet über http://dnb.d-
nb.de/ abrufbar.

Impressum:

Copyright © 2015 GRIN Verlag
Druck und Bindung: Books on Demand GmbH, Norderstedt Germany
ISBN: 9783668739956

Dieses Buch bei GRIN:

https://www.grin.com/document/431600

Johannes Veeh

Marktübersicht und Leistungskomponenten von Online-Shops

GRIN Verlag

Inhaltsverzeichnis

Tabellenverzeichnis

Abkürzungsverzeichnis

ASP   Application Service Provider

B2C   Business to Customer

KMU   Kleine und mittlere Unternehmen

MB   Megabyte

SCM   Supply Chain Management

1 Einleitung

1.1 Motivation

Das hohe Umsatzwachstum im Online-Handel von 25% im Vergleich zwischen den Jahren 2013 (34 Mrd. Euro Umsatz) und 2014 (43 Mrd. Euro Umsatz) zeigt deutlich auf, welches Potenzial weiterhin im Vertriebskanal Online-Shop vorhanden ist. Somit werden mittlerweile 10% des deutschen Gesamthandelsvolumens im elektronischen Handel getätigt und Prognosen für die nächsten Jahre sagen weiter steigende Zahlen voraus.[1] Die höhere Online-Affinität der Konsumenten trägt dazu bei, da sie die bequeme Bestellmöglichkeit von jedem Ort und zu jeder Tageszeit nicht mehr missen möchten. Außerdem kennen die Verbraucher den Vorteil des schnellen Preisvergleichs, weil die notwendigen Zahlen hierfür alle digital vorliegen und somit leicht zu vergleichen sind.[2]

Die logische Schlussfolgerung der Unternehmen daraus ist, dass sie einen eigenen Online-Shop aufbauen oder für den Kunden ansprechender umbauen, um sich Marktanteile über diesen Vertriebskanal sichern zu können. So ergab eine Umfrage im Frühjahr 2015, dass 74% der teilnehmenden Unternehmen ihre Produkte und Dienstleistungen online vertreiben. Der Wert im stationären Geschäft lag dagegen bei nur 55%.[3] Da es sich bei Web-Shops, im Gegensatz zu statischen Informationsseiten, um komplexe technische Konstruktionen handelt, haben spezialisierte Anbieter, wie zum Beispiel Intershop, Anfang der 90er Jahre diese Produkte für Händler auf den Markt gebracht. Mittlerweile vertreiben etliche Firmen, darunter Microsoft, IBM und Oracle Shop-Lösungen, sodass die Auswahl an Angeboten sehr groß ist.[4] Die vorliegende Arbeit möchte daher eine Hilfestellung zur Auswahl der geeignetsten Softwarelösung für das eigene Unternehmen geben.

---

[1] Vgl. http://www.deals.com/umfragen/e-commerce-studie-2015
[2] Vgl. Albers et al. (1999), S. 35
[3] Vgl. http://de.statista.com/statistik/daten/studie/76593/umfrage/genutzte-vertriebskanaele-von-online-haendlern/
[4] Vgl. Merz (2002), S. 393

1.2 Zielsetzung und Vorgehensweise

Damit die Unternehmen, die ihre Produkte über den Vertriebskanal Online-Shop verkaufen möchten, die für ihre Zielgruppe optisch ansprechendste und technisch beste Plattform für sich einsetzen können, besteht das Hauptziel dieser Arbeit darin eine Marktübersicht über die Anbieter und deren Leistungskomponenten aufzustellen. Wegen der vielfältigen Kategorien, in die sich Web-Shop-Lösungen einteilen lassen, wird sich der Autor auf Anbieter für kleine und mittlere Unternehmen (KMU) beschränken, welche ihre Produkte an Endkunden verkaufen möchten. Diese Geschäftsbeziehung wird im Allgemeinen Business-to-Customer (B2C) genannt. Hiervon abgeleitet werden die wesentlichen Funktionen der angebotenen Software-Lösungen, die dabei auftretenden möglichen funktionalen Defizite und die neben dem Hauptprodukt angebotenen Dienstleistungen. Da unterschiedliche Leistungspakete auf dem Markt vorhanden sind, werden außerdem die Preis- und Vergütungsmodelle der Anbieter aufgezeigt.

Zunächst wird im allgemeinen Teil der vorliegenden Arbeit der Begriff Online-Shop definiert. Da viele Unternehmen ihr virtuelles Geschäft als weiteren Vertriebskanal sehen, wird daraufhin der Multi-Channel-Ansatz definiert und die mögliche Positionierung von Online-Shops in dieser Strategie erläutert. In Kapitel 3 schafft der Autor einen Überblick über den Markt und stellt danach ausgewählte Anbieter vor. Daraufhin werden die wesentlichen Funktionen der angebotenen Shop-Lösungen miteinander verglichen und die dazugehörigen Dienstleistungsangebote der Shop-Anbieter beschrieben. Es folgen die Preis- und Vergütungsmodelle. Danach wird die Frage beantwortet, ob die angebotenen Online-Shops funktionale Defizite aufweisen, indem die Angebote analysiert werden. Abschließend wird die vorliegende Arbeit kurz zusammengefasst und ein Fazit daraus gezogen.

2 Grundlagen

2.1 Einordnung und Definition von Online-Shops

Der wesentliche Kernpunkt des E-Business ist die umfassende Vernetzung aller Beteiligten innerhalb der Wertschöpfungskette. Unter dem seit 1995 gebräuchlichen Begriff E-Commerce versteht man dagegen nur einen Teilbereich des E-Business, bei dem die reinen Handelsprozesse im Rahmen des Online-Verkaufs von Gütern durchgeführt werden. Ein wichtiger Vertreter außenwirksamer Informationssysteme im E-Commerce ist der Online-Shop.[5]

Grundsätzlich ist unter dem Begriff „Online-Shop" eine Handelsplattform zum elektronischen Verkauf von Produkten und Dienstleistungen durch Unternehmen über digitale Netzwerke zu verstehen. Dabei beinhaltet er im Gegensatz zu einem Online-Katalog, bei dem die materiellen und immateriellen Güter nur dargestellt werden, weitere Transaktionselemente, über die der Kunde kaufen und bezahlen kann.[6] Folgende Tabelle ordnet den Online-Shop auf Stufe 3 eines Sieben-Stufen-Modells zur Nutzung des Internets für das digitale Geschäft seitens der Unternehmen ein.

Stufe	Ausprägung	
6	Ausgelagertes eBusiness	
5	Supply-Chain-Management (SCM)	
4	Digitale Vernetzung	eBusiness
3	Online-Shop	
2	Homepage	
1	E-Mail	
0	Offline	

Tabelle 1: Stufenmodell der Internetnutzung in Unternehmen[7]

2.2 Definition Multi-Channel-Marketing

Unter dem Begriff Multi-Channel-Marketing ist der Prozess der Planung, Durchführung und Kontrolle aller Marketingaktivitäten in mindestens zwei unterschiedlichen Kanälen zu verstehen. Dabei werden mehrere multifunktional vernetzte Kanäle sowohl für Kommunikationszwecke, als auch für den Vertrieb von Produkten und Dienstleistungen eines Anbieters an organisationale Kunden und Endverbraucher genutzt.[8]

---

[4] Vgl. Angeli et al. (2009), S. 223
[5] Vgl. Illik (2002), S. 79
[7] In Anlehnung an Angeli et al. (2009), S. 224
[8] Vgl. Emrich (2008), S. 8

2.3 Positionierung von Online-Shops im Multi-Channel-Marketing

Die meisten Unternehmen sind heutzutage nicht originär auf dem elektronischen Kanal unterwegs, sondern sehen ihren Online-Shop neben dem realen Markt als zusätzliche Möglichkeit Produkte abzusetzen und mit dem Kunden in Kontakt zu treten. Trotzdem haben die Online-Händler, die rein über das Web ihre Produkte vertreiben, mit 35,4% den größten Anteil am gesamten Online-Handel.[9] Folgende Tabelle stellt die drei möglichen Channel-Strategien des Marketings unter Berücksichtigung der elektronischen Märkte mit Online-Shops dar.

Strategie	Beschreibung
Parallel	Das Marketing-Instrument wird online und auf dem realen Markt eingesetzt.
Ergänzend	Das Marketing wird über beide Channel betrieben, allerdings auf unterschiedliche Weise, da die Zielgruppe voneinander abweichen oder die technischen Realisierungsmöglichkeiten sich unterscheiden. Der Online-Shop wir beispielsweise ergänzend für bestimmte Zielgruppen eingerichtet.
Substituierend	Nur der Online-Kanal wird für das Marketing verwendet, um sich der Zielgruppe anzupassen oder Kosten auf dem realen Markt einzusparen.

Tabelle 2: Mögliche Strategien im Multi-Channel-Marketing[10]

3 Marktübersicht für Online-Shops

3.1 Übersicht Anbietermarkt

Die beste Quelle, um Anbieter von Online-Shop-Lösungen zu finden, ist das Internet. Bei der Suche nach diesem Stichwort stößt man schnell auf diverse Vergleichsportal, die zum einen weitreichende Informationen wie zum Beispiel Checklisten, technische Details und Trends zum Thema Online-Shop präsentieren. Zum anderen liefern sie ei-

---

[9] Vgl. https://www.derhandel.de/news/technik/pages/E-Commerce-Reine-Internethaendler-dominieren-den-Online markt-9911.html
[10] In Anlehnung an Illik (2002), S. 50

nen Überblick über die gängigsten Web-Shop-Produkte mit deren Funktionsbeschreibung und Preisgestaltung. Beispiele für diese Vergleichsportale ist der FWP-Shop[11], eSales4u[12] und die Internetseite der Webshop-Factory[13]. Um die dort angebotenen Produkte besser vergleichen zu können, bietet es sich an, das umfangreiche Angebot in Kategorien wie Funktionsumfang oder Zielgruppe einzuteilen.

3.2 Ausgewählte Anbieter

Da sich der Autor in dieser Arbeit auf Anbieter von Online-Shops für die Zielgruppe der kleinen und mittelständigen Unternehmen beschränkt hat, werden in folgender Tabelle speziell Angebote aufgeführt, bei denen die laufenden Kosten gering sind und das technische Verständnis auf der Seite des einsetzenden Unternehmens nicht sehr hoch sein muss. Bei diesen sogenannten Baukastensystemen ist zu beachten, dass die Funktionalität und die Flexibilität oft einschränkt ist, was aber gleichzeitig eine schnelle Eröffnung des Online-Shops ermöglicht. Tabelle 2 führt ausgewählte Anbieter mit deren Angebote auf.

Anbieter	Web-Adresse	Preis	Zielgruppe
1&1	http://www.1und1.de	ab 14,99€/Monat	kleine Unternehmen
Hosteurope	http://www.hosteurope.de	ab 9,99€/Monat	kleine Unternehmen
Jimdo	http://www.jimdo.com	15,00€/Monat	kleine Unternehmen
SEOshop	http://www.seoshop.de	ab 49,00€/Monat	kleine bis mittlere Unternehmen
Shopify	http://www.shopfy.com	ab 9,00$/Monat[14]	kleine bis mittlere Unternehmen
Strato	http://www.strato.de	ab 9,90€/Monat	kleine Unternehmen
Webnode	http://www.webnode.com	ab 6,65€/Monat	kleine bis mittlere Unternehmen

Tabelle 3: Ausgewählte Anbieter von Online-Shops für kleine und mittlere Unternehmen

---

[11] Web-Adresse: http://www.fwpshop.org/shopsysteme
[12] Web-Adresse: http://www.esales4u.de/eshop/onlineshop.php
[13] Web-Adresse: http://www.webshop-factory.com/shopsysteme
[14] Beim Umrechnungskurs vom 18.11.2015 beträgt der Preis 8,43€/Monat

4 Leistungskomponenten der Anbieter und deren Shops

4.1 Wesentliche Funktionen der Shop-Lösungen

Grundlage eines jeden Online-Shops ist die optimale Produktpräsentation der angebotenen Waren und Dienstleistungen. Dabei sollten die Objekte mit allen Produktattributen strukturiert abgelegt werden und die Seite durch eine einfache Navigation glänzen. Eine freie Suchmöglichkeit sollte auch vorhanden sein.[15] Neben weiteren standardmäßig vorhandenen Funktionen, wie der Registrationsmöglichkeit des Kunden oder der Anzeige der Verfügbarkeit des gewünschten Artikels, sind heutzutage weitere Features für eine erfolgreiche Shop-Lösung relevant.

So wird das Thema Sicherheit beim Online-Einkauf immer wichtiger. Deswegen haben sich einige Labels etabliert, die dem Kunden einen gewissen Standard beim Datenschutz und bei der Zahlungsabwicklung versprechen. Weiterhin sind professionelle Auswertungsmöglichkeiten für den Besitzer des Shops über seine Kunden und deren gekaufte Produkte in Betracht zu ziehen. Über die Möglichkeit des „Cross-Sellings" werden dem Kunden beispielsweise auf der Shop-Seite Artikel angezeigt, die andere Kunden mit denselben Interessen gekauft haben. Außerdem wird die Verknüpfung des Shops mit Social-Media-Plattformen immer wichtiger. Dabei wird das eigene Angebot mit diesem Medium in Verbindung gebracht und kann somit als gut befunden oder kommentiert werden. Am weitesten geht hierbei die Verknüpfung mit dem Facebook-Shop, über den eigene Produkte sogar direkt verkauft werden können.

Da der heutige potenzielle Käufer oft mobil mit seinem Smartphone oder Tablet unterwegs ist, aber auf diesen Geräten gängige Websites häufig nicht richtig angezeigt werden können, sollte der Online-Shop für diese Endgeräte optimiert sein, um den Verkaufsprozess für den Kunden so einfach wie möglich zu gestalten.[16] In folgender Tabelle wird das Funktionsangebot der ausgewählten Anbieter für das jeweils günstigste Shop-System gegenübergestellt.

---

[15] Vgl. Illik (2002), S. 147
[16] Vgl. Bächle et al. (2010), S. 85

	1&1	Hosteurope	Jimdo	SEOshop	Shopify	Strato	Webnode
Grundlegende Funktionen							
Produktanzahl	100	100	U	250	U	100	100
Speicherplatz in Megabyte (MB)	U	500	500	k. A.	U	k. A.	300
Bandbreite in MB	k. A.	U	k. A.	U	k. A.	k. A.	3000
Zusätzliche Funktionen							
Mobile Website-Version	Ja	Nein	Ja	Ja	Ja	Nein	Ja
Verschlüsselung mit SSL	Ja	Ja	k. A.	Ja	k. A.	Ja	Ja
Trusted-Shops-Zertifizierung möglich	Ja	Ja	Ja	k. A.	k. A.	Ja	k. A.
Facebook-Shop	Nein	Nein	Ja	Ja	Ja	Nein	Nein
Professionelle Auswertung	Ja	Ja	Ja	Ja	Nein	Ja	Nein
Support inklusive	Ja	Ja	Ja	Ja	Ja	Ja	Ja
Anbindung an Warenwirtschaftssysteme	Nein	k. A.	k. A.	k. A.	k. A.	Ja	k. A.
Suchmaschinenoptimiert	Ja	Ja	Ja	k. A.	k. A.	Ja	k. A.

Legende:

U = unbegrenzt: Produktanzahl, Speicherplatz oder Bandbreite ohne Limit

k. A. = keine Angabe laut Anbieter-Webseite

Tabelle 4: Funktionsangebot der ausgewählten Anbieter für das jeweils günstigste Shop-System

4.2 Wesentliche Dienstleistungsangebote

Im Gegensatz zu Open-Source- und Kauf-Lösungen für mittlere und größere Unternehmen, können bei den in Kapitel 4.1 miteinander verglichenen gemieteten Baukasten-Systemen schon nach wenigen Einrichtungsschritten Produkte verkauft werden. Da mit diesen Assistenzsystemen mittlerweile auch viele spezielle Bedürfnisse der Unternehmen eingerichtet werden können und sich über Schnittstellen Zusatzanwendungen integrieren lassen, verwischen die Grenzen zwischen Individualentwicklungen und den Standardsystemen immer mehr.[17]

Der Betreiber des Web-Shops erhält weiterhin den Service, dass die technische Plattform auf dem die Lösung vorgehalten wird und das Shop-System an sich immer im Internet verfügbar sind und auf dem aktuellen Stand gehalten werden. Dies ist angesichts der ständig fortschreitenden Anforderungen an die Shop-Features ein nicht zu unterschätzender Vorteil.[18] Außerdem enthalten alle angebotenen Shop-Pakete einen persönlichen Support über Telefon und E-Mail. Abgerundet wird dieser Service bei einigen Anbietern durch eine umfangreiche technische Dokumentation und Online-Videos, die als Hilfestellung für die Einrichtung und den Betrieb des eigenen Shops dienen sollen. Durch diese umfassenden Dienstleistungspakete profitiert der Shop-Betreiber über professionellen Service bei fest kalkulierbaren Kosten.[19] Da das Dienstleistungsangebot bei allen ausgewählten Anbietern ähnlich ist und der Service in der Praxis nicht getestet werden kann, entfällt ein Vergleich an dieser Stelle.

4.3 Preis- und Vergütungsmodelle

Wie in schon in Kapitel 4.2 festgestellt, lassen sich die Shop-Lösungen grundsätzlich in drei Kategorien unterteilen. Ein Open-Source-Shop basiert dabei auf einen für jeden einsehbaren und veränderbaren Quellcode, daher ist hier von quelloffener Software die Rede.[20] Dadurch kann das System individuell an die eigenen Bedürfnisse angepasst und neue Features eingebaut werden. Bei der Anschaffung ist solch eine Lösung zwar kostenlos, weiterer Service wie das Hosting des Systems und die Anpassung an das eigene Unternehmen müssen dagegen gegen Entgelt in Anspruch genommen werden. Wenn sich das eigene Unternehmen aber selbst mit der Einrichtung und Anpassung beschäftigen möchte, gibt es zum jeweiligen Open-Source-Shop spezielle Online-Foren, in denen man kostenfreie Informationen erhält.

---

[17] Vgl. Illik (2002), S. 148
[18] Vgl. Angeli et al. (2009), S. 289
[19] Vgl. Angeli et al. (2009), S. 289
[20] Vgl. Kollewe et al. (2014), S. 59

Im Vergleich zur vorangegangenen Form muss bei einer Kauflösung der verwendete Shop beim Anbieter bezahlt werden. Dabei handelt es sich um Standardsoftware, die oft ebenso nur gegen ein Entgelt auf einem Server zur Verfügung gestellt und durch den Verkäufer angepasst werden muss. Da die Preise in diesem Segment stark variieren, sollten vor dieser großen Anschaffung unbedingt die Funktionen der einzelnen Shops gegenüber gestellt werden. Oft helfen nützliche Assistenten und Datenimport-Funktionen dem zukünftigen Betreiber einen schnellen Einstieg in das ausgewählte Produkt.[21]

Bei den in dieser Arbeit verglichenen Mietlösungen stellt der Application Service Provider (ASP) die gesamte technische Infrastruktur für seine Kunden zur Verfügung.[22] Da bei den angebotenen Shops verschiedene unterschiedliche technische Möglichkeiten vorhanden sind, bündeln die Anbieter die Leistungen in Pakete und bieten sie gestaffelt an. Hierbei sind die ersten Monate meist kostenfrei. Nachfolgende Abbildung zeigt einen Überblick über die Preismodelle der in Kapitel 3.2 ausgewählten Anbieter auf.

	1&1	Hosteurope	Jimdo	SEOshop	Shopify	Strato	Webnode
Anzahl unterschiedlicher Leistungspakete	4	4	2	3	4	4	3
Mindestvertragslaufzeit in Monate	12	6	12	12	-	12	12
Einmalige Einrichtungsgebühr	-	14,90€	-	-	-	14,90€	-
Kostenlose Testmöglichkeit	Ja	Ja	Ja	Ja	Ja	Ja	Ja

Tabelle 5: Preismodelle der ausgewählten Anbieter von Miet-Shops

---

[21] Vgl. Angeli et al. (2009), S. 289
[22] Vgl. Angeli et al. (2009), S. 289

4.4 Funktionale Defizite

Bei den oben verglichenen Baukastensystemen ist zwar eine schnelle und günstige Einrichtung möglich, dafür gibt es bei diesen Lösungen einige technische Defizite. So liegt bei den sehr günstigen Systemen der Knackpunkt häufig in der Beschränkung der Individualisierbarkeit und Skalierbarkeit, gefolgt von Schwächen in der Bedienbarkeit und im Frontend-Design.[23] Bei vielen Shops kann die Oberfläche nicht an das Corporate-Design des Unternehmens angepasst werden oder es entstehen weitere Kosten für einen Grafiker, der die Shop-Vorlagen der Anbieter entsprechend aufbereiten muss. Weiterhin sind bei den günstigsten Leistungspaketen die einzustellende Produktanzahl oder der Speicherplatz auf dem Server begrenzt. Spezielle technische Einschränkungen der verglichenen Online-Shops sind in Tabelle 4 im Kapitel 4.1 näher dargestellt.

5 Fazit

Ausgehend von der Definition und Einordnung des Begriffs Online-Shop, wurde daraufhin das Multi-Channel-Marketing erklärt und die mögliche Einordnung der Online-Angebote darin beschrieben. Weiter wurden in Kapitel 3 ausgewählte Anbieter von Miet-Lösungen für die Zielgruppe der KMUs vorgestellt und deren funktionaler Umfang im darauffolgenden Kapitel gegenüber gestellt. Weitere Bestandteile waren die Dienstleistungsangebote, die Preis- und Vergütungsmodelle und eine Antwort auf die Frage, ob die angebotenen Shops funktionale Defizite aufweisen. Der Autor hat in der vorliegenden Arbeit versucht, die gängigsten Anbieter von Miet-Lösungen und deren Funktionen zu vergleichen. Gerade wegen der Vielzahl der funktionalen Unterschiede der einzelnen Plattformen, konnten hier nicht alle Eigenschaften erschöpfend behandelt werden. Daher sind die Lösungen der Anbieter vorab genau anzuschauen und zu testen. Dabei sind die eigenen Kriterien wie Zielgruppe, Kundenpotenzial und Kundenwünsche zu berücksichtigen, um den eigenen Shop langfristig und strategisch auf das eigene Geschäft auszurichten. Teilweise kann es auch für mittlere Unternehmen von Vorteil sein, eine Shop-Lösung nicht zu mieten, sondern zu kaufen, um die laufenden Kosten minimal zu halten.

---

[23] Vgl. http://www.webshop-factory.com/shopsysteme

Literaturverzeichnis

Buchquellen

Albers, S. (1999): Was verkauft sich im Internet? – Produkte und Leistungen, in Sönke Albers, Michel Clement, Kay Peters, Bernd Skiera (1999/Hrsg.) eCommerce – Einstieg, Strategie und Umsetzung im Unternehmen, F.A.Z.-Institut für Management-, Markt- und Medieninformationen GmbH, Frankfurt

Angeli, S; Kundler, W. (2009): Der Online Shop – Handbuch für Existenzgründer, Markt+Technik, München

Bächle, M.; Kolb, A. (2012): Einführung in die Wirtschaftsinformatik, De Gruyter Oldenbourg, München

Emrich, C. (2008): Multi-Channel-Communications- und Marketing-Management, Gabler, Wiesbaden

Illik, J. (2002): Electronic Commerce – Grundlagen und Techniken für die Erschließung elektronischer Märkte, Oldenbourg, München

Kollewe, T.; Keukert, M. (2014): Praxiswissen E-Commerce – Das Handbuch für den erfolgreichen Online-Shop, O´Reilly, Köln

Merz, M. (2002): E-Commerce und E-Business – Marktmodelle, Anwendungen und Technologien, dpunkt, Heidelberg

Artikel aus dem Internet

deals.com (2015):
http://www.deals.com/umfragen/e-commerce-studie-2015
Abrufdatum: 28. Oktober 2015

derhandel.de (2013):
https://www.derhandel.de/news/technik/pages/E-Commerce-Reine-Internethaendler-dominieren-den-Onlinemarkt-9911.html
Abrufdatum: 12. November 2015

statista.com (2015):
http://de.statista.com/statistik/daten/studie/76593/umfrage/genutzte-vertriebskanaele-von-online-haendlern/
Abrufdatum: 28. Oktober 2015

webshop-factory.com (2015):
http://www.webshop-factory.com/shopsysteme
Abrufdatum: 26. November 2015

www.ingramcontent.com/pod-product-compliance
Lightning Source LLC
LaVergne TN
LVHW082125070326
832902LV00041B/2690